SACK UND ASCHE

SACK UND ASCHE
Materialgeschichten aus der Hamburger Kunsthalle

MONIKA WAGNER

HAMBURGER KUNSTHALLE

Vorwort

Er wolle, hat Claes Oldenburg einmal gesagt, »Ausschau halten nach Schönheit dort, wo man sie nicht zu finden meint«, und er entdeckte diese Schönheit, wie ein großer Teil der Künstler seiner Generation, nicht mehr in der alten Kunst und auch nicht etwa bei fremden Kulturen, sondern vor der Tür, auf der Straße. Allan Kaprow: »Die Alltagswelt ist die verblüffendste Inspiration, die sich denken läßt. Ein Spaziergang die 14. Str. hinunter ist aufregender als jedes künstlerische Meisterwerk.« Die Straße, die alltäglichen Gegenstände, die armen Materialien waren es, die in den sechziger Jahren den bürgerlichen Kunstbegriff erneut stürzten.

In unserer *Galerie der Gegenwart* unternehmen wir den Versuch, diese Situation des Aufbruchs wachzurufen, und dabei ist es eine ganz wesentliche Absicht, die neue Sprache des Materials, die neue Ikonographie des Materials in ihren entscheidenden internationalen Filiationen vor Augen zu führen.

Wir haben in den letzten Jahren gezielt einige Werke von Joseph Beuys, Robert Morris, Richard Serra, Jannis Kounellis, Mario Merz, Franz Erhard Walther, Reiner Ruthenbeck erworben, wobei insbesondere die große graue Filzarbeit von Morris, das *Splashing* von Serra, der *Kohlenwagen* von Kounellis und der *Aschehaufen* von Ruthenbeck historische Stücke der sechziger Jahre genannt werden können.

Mit den Werken von Claes Oldenburg, dem frühen Bruce Nauman, den Arbeiten der Fluxuskünstler (Köpcke, Filliou, Spoerri) und der Nouveaux Réalistes (Arman, César), insbesondere der Plakatabreißer (neben den Franzosen der frühe Vostell), vor allem jedoch mit der vielteiligen Beuys-Sammlung, aber auch mit dem Dieter Roth-Ensemble konnten längerfristige Leihgaben ins Haus geholt werden, die den Materialaspekt in der Kunst der sechziger Jahre auf programmatische Weise anreichern.

Dieser Materialaspekt ist ein Hauptcharakterzug der Kunst der Zeit – Grund genug, ihn aus Anlaß der Eröffnung unserer *Galerie der Gegenwart* zum Thema einer eigenen Publikation zu machen. Dieser Problematik hat sich in den letzten Jahren mit besonderer Intensität Monika Wagner gewidmet, Professorin am Kunsthistorischen Seminar der Hamburger Universität. Ich bin sehr froh darüber, daß wir sie als Autorin haben gewinnen können.

Uwe M. Schneede

Inhalt

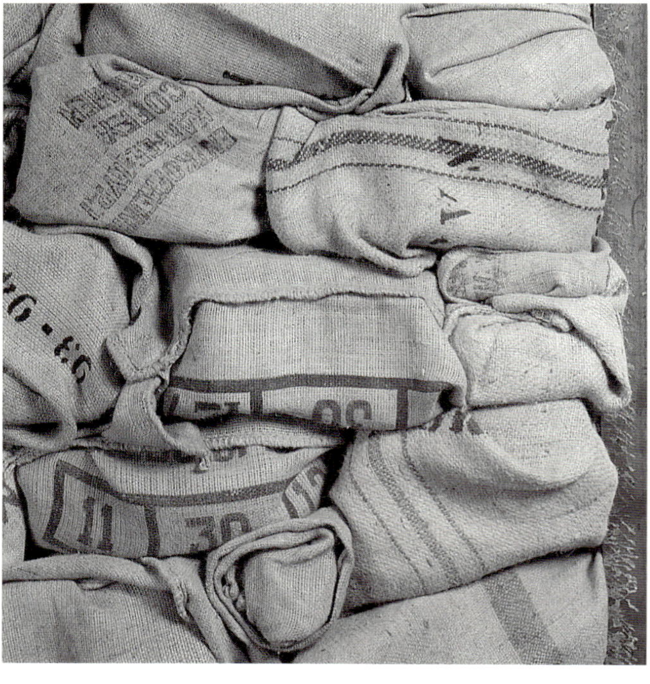

Dinge und Materialien

Jahrhundertelang war für die Realisierung von Kunstwerken nur ein eingeschränkter Bereich von Materialien zuständig gewesen. Solange Kunst den Anspruch auf Ewigkeit vertrat, mußten die Materialien zunächst einmal beständig sein, auch wenn es vorgekommen sein soll, daß selbst ein Michelangelo beauftragt wurde, einen Schneemann zu bauen.[1] Doch solche launigen Ausflüge in das Feld der ephemeren Stoffe bestätigen eher die Regel. Darüber hinaus durften sich die Materialien des Kunstwerkes nicht zu selbständig zeigen, sondern hatten sich der Form, dem Inbegriff abendländischer Kunstvorstellungen unterzuordnen. Daher warnte schon Leon Battista Alberti vor mehr als 500 Jahren vor der Faszination kostbarer Materialien, die von der eigentlichen »Kunst«, die sich in der gestalteten Form als Ausdruck der Idee des Künstlers niederschlage, ablenken könnten.[2] Doch nicht nur für Gold und andere Kostbarkeiten, sondern für alle Materialien galt grundsätzlich, einen möglichst geringen Eigenwert zu beanspruchen. Bestes Beispiel dafür ist die Farbe, der lange Zeit als Material keinerlei eigene Bedeutung zukam. Im Gegenteil, ihre Materialeigenschaften hatten im Transfer von der Palette auf die Leinwand zu verschwinden. Farbe wurde in der nachmittelalterlichen Malerei als *Medium* par excellence verstanden: dessen Qualität erweist sich (zumindest bevor Marshall McLuhan 1967 behaupten konnte: *The Medium is the Massage*) darin, daß man es nicht bewußt wahrnimmt. Das als niedrig bewertete Farbmaterial verändert im Gestaltungsprozeß – wie die Farbe auf dem Weg von der Palette ins Bild – seinen Status: es wird Form.

Zwar gewann Farbe als Bildmaterial schon seit dem frühen 19. Jahrhundert allmählich an Bedeutung, im Bereich anderer Materialien änderte sich dies jedoch erst wesentlich später. In den zehner und zwanziger Jahren des 20. Jahrhunderts waren etwa von Braque und Picasso den Farben fremde Stoffe, wie Sand und Holzspäne, beigemischt worden, um Rauheit zu erzeugen und so die traditionelle Illusionserzeugung auf glatten Oberflächen durch haptische Qualitäten zu durchbrechen. Schließlich war es sogar zur Integration von Relikten aus dem großstädtischen Alltag gekommen: so propagierte Raoul Hausmann »wunderbare Konstellationen in wirklichem Material, Draht, Glas, Pappe, Stoff [...] in ihrer geradezu vollendeten Brüchigkeit«[3] und Kurt Schwitters zelebrierte in seinen *Merzbildern* eine Ästhetik des Abfalls[4]. Marcel Duchamp schließlich stellte mit seinen *Ready mades* die Trennung von Kunst und Alltag infrage und schleuste fertige Industrieprodukte in den Kunstraum ein. Doch blieben diese Bemühungen um den Selbstausdruck der Dinge und Stoffe zunächst eher avantgardistische Provokationen. Walter Benjamin wies allerdings

Kurt Schwitters, *Merzbild 25 A, Das Sternenbild*, 1920
Draht, Kordel, Pappe, Holz u. a., Kunstsammlung Nordrhein-Westfalen, Düsseldorf

schon 1934 in einem Vortrag rückblickend auf die Bedeutung der Einbeziehung realer Dinge in den dadaistischen Kunstwerken hin:

»Die revolutionäre Stärke des Dadaismus bestand darin, die Kunst auf ihre Authentizität zu prüfen. Man stellte ein Stilleben aus Billets, Garnrollen, Zigarettenstummeln zusammen, die mit malerischen Elementen verbunden waren [...] das winzigste authentische Bruchstück des täglichen Lebens sagt mehr als die Malerei. So wie der blutige Fingerabdruck eines Mörders auf der Buchseite mehr sagt als der Text.«[5]

Benjamin interessierten diese »authentischen Bruchstücke des täglichen Lebens« nicht aus nostalgischen Gründen, sondern weil über sie die zeitgenössischen Produktivkräfte in die noch auf der Stufe der Handarbeit werkelnde Malerei vordrangen. Benjamins Position kam ebenso wie Duchamps irritierendes Werk erst nach dem Zweiten Weltkrieg zum Tragen,[6] als – zunächst mit der *Pop Art* – Materialien und Alltagsgegenstände die Zeugenschaft der Zeit zu übernehmen begannen.

Die *Pop Art* erweiterte nicht nur die Ikonographie um Relikte des banalen Alltags, um Coca-Cola-Dosen und andere Fetische des Konsums,

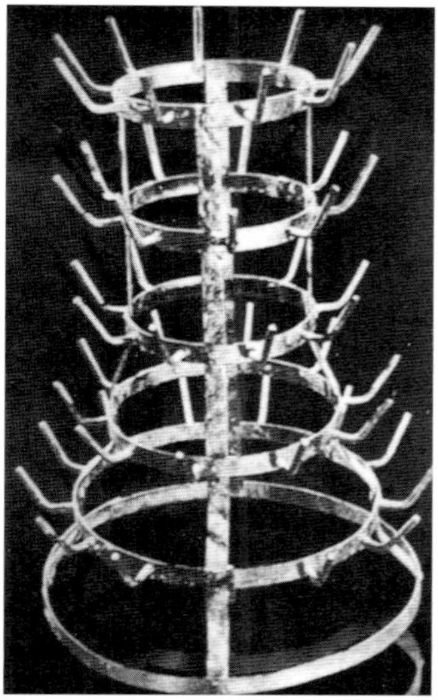

Marcel Duchamp, *Flaschentrockner*, Ready Made, 1914/64
Original verschollen

sondern an die Stelle der bildlichen Repräsentation begannen auch die alltäglichen Dinge selbst zu treten. Das hatte enorme Folgen. Denn mit den Dingen gelangten zuvor als bildfremd bewertete und als »nieder« eingestufte, ephemere Materialien ebenso wie neue Kunst-Stoffe nicht nur ins Bild an der Wand, sondern auch aus ihm heraus in den Raum des Betrachters. Die Dinge besaßen in ihrem Leben außerhalb des Kunstwerkes bestimmte Funktionen. Dadurch lassen sie sich in der Regel einem sozialen Milieu zuordnen – heute würde man sagen, sie gehören zu einem bestimmten *lifestyle*. Werden gebrauchte Gegenstände in das Kunstwerk integriert, kommt zusätzlich noch ihr vorheriges alltägliches ›Leben‹, ihre Geschichte, ins Spiel.

Robert Rauschenberg, *Pilgrim*, 1960
Öl auf Leinwand, Collageelemente aus
Stoff und Papier, Lackfarbe auf Stuhl, Scharnier aus Metall,
Sammlung Reinhard Onnasch in der Hamburger Kunsthalle

»Dingbedeutung«[7] und autonome Malerei: Robert Rauschenbergs *Pilgrim*

Robert Rauschenberg hat als einer der ersten Künstler nach 1945 in seinen *Combines* nicht nur die Grenzen zwischen *High and Low*, zwischen künstlerischem Material und alltäglichen Dingen, sondern auch zwischen Bild und Skulptur verwischt.[8] Das *Combine* mit dem Titel *Pilgrim* entstand 1960 und zeigt, wie eine solche Grenzverwischung aussehen konnte. Die Arbeit besteht aus zwei Teilen: einer bemalten, gerahmten Leinwand und einem simplen hölzernen Stuhl, der vor dem Bild auf dem Boden steht. Die Rückenlehne des Stuhles ist mit einem Scharnier durch die Leinwand hindurch geschraubt. Der Holzstuhl zeigt drei farbige vertikale Bahnen. Links sieht man seine ursprünglich weiße Farbe, deren krustige, runzelige Schichten am stärksten bestoßen, abgeblättert und abgenutzt sind. Die mittlere Bahn wurde »entmalt«, so daß das Material des Stuhles, das braune Holz darunter zum Vorschein kommt. Der rechte Streifen mit der glatten gelben Farbe ist ein neuer Anstrich auf dem solchermaßen freigelegten Holzgrund. Farbe wird demnach als Oberfläche gezeigt, die das Aussehen des Stuhles zwar beeinflußt, aber seine Funktion und konventionelle Solidität nicht verändert.

Der Titel *Pilgrim*, der sich in den USA wohl assoziativ mit der Robustheit und Einfachheit des Lebens der Pilgerväter in Verbindung bringen läßt, mag sich mit dem Pilger zur Kunst verbinden, der vor Rauschenbergs Bild eine Rast zu finden scheint. Jedenfalls lädt der leere Stuhl, dessen Sitzfläche sich dem Betrachter anbietet, dazu ein. Dann allerdings säße der Betrachter mit dem Rücken zum Bild; Er würde zwar das Werk ganz wörtlich besitzen, aber damit auch selbst zu dessen Bestandteil werden. Ikonographisch knüpft eine solche Vorstellung an ein höchst vertrautes Schema an. Denn Figuren, die auf Stühlen vor Bildern sitzen, sind innerhalb der darstellenden Malerei ein verbreitetes Motiv. So sitzt etwa in Dirck Hals' Interieurgemälde aus dem Jahr 1633 eine Frau neben einem zweiten, leeren Stuhl vor einem Seestück, dessen ruhiges Wasser auf metaphorischer Ebene den Tenor des Briefes anzeigt, den sie in der Hand hält. Auch in Atelierbildern haben sich Maler häufig auf einem Stuhl vor ihren Werken sitzend dargestellt. Auf ähnliche Weise präsentieren sich auch Sammler oder Mäzene bis heute vor ihrem Lieblingswerk oder ihrer neuesten Erwerbung. Würden Museumsbesucher nun tatsächlich auf dem solchermaßen von Rauschenberg offerierten Stuhl Platz nehmen, gerieten sie als Teil des Kunstwerkes zum Schauobjekt. Rauschenberg hat vergleichbar handfeste Beteiligungen des Betrachters in anderen *Combines* gezielt eingeplant, so etwa in *Black Market* . Der Besucher konnte verschiedene Gegenstände in einem schwarzen Kasten auf dem Boden, der durch eine Schnur mit dem Bild an der Wand verbunden ist, gegen mitgebrachte Dinge austauschen und so das Werk ständig aktualisieren.[9]

Auch reale Stühle finden sich in der bildenden Kunst nach 1960 verblüffend häufig und zwar nicht allein in Ambientes, wie denjenigen von George Segal oder Edward Kienholz. (Um nur einige Beispiele zu nennen: 1961 entstand George Brechts Holzstuhl vor zwei Leinwänden, 1963 Joseph Beuys' legendärer Fettstuhl; Robert Watts hat 1966 einen Stuhl mit Neonröhren nachgezeichnet). Die Differenz zwischen einem realen und einem sprachlich und bildlich repräsentierten Stuhl wird in Joseph Kosuths *One and three Chairs* von 1965 demonstriert: Neben dem realen Stuhl, der je nach Ausstellungsort variiert, befindet sich sein photographisches Abbild im Maßstab 1:1 sowie der aus einem englisch-deutschen Wörterbuch stammende Text zur Erläuterung des Begriffs ›Chair‹. Auf diese Weise wird das Verhältnis von Konkretem und Abstraktem, von Ding, Bild und Begriff vorgeführt. Die Differenzen treten um so anschaulicher hervor, wenn man verschiedene Ausstellungen von Kosuths Arbeit vergleicht, in denen z. B. einmal ein Wohnzimmerstuhl, das andere Mal

Dirck Hals, *Junge Frau mit Brief*, 1633
Öl auf Holz, Philadelphia Museum of Arts

Robert Rauschenberg, *Black Market*, 1961
Öl auf Leinwand, Metall, Papier, Holz, Kordel, Koffer, Museum Ludwig, Köln

Joseph Kosuth, *One and three Chairs*, 1965
Photographie, Stuhl, Lexikondefinition, Staatsgalerie Stuttgart

ein Bürostuhl zu sehen war, während die sprachliche Bezeichnung für alle Stuhlvarianten gleich bleibt.

Um die Beziehung von Ding und Bild geht es auch in Rauschenbergs *Pilgrim* und zwar auf verschiedenen Ebenen. So wie dargestellte Stühle in Gemälden tradierterweise in Beziehung zum sozialen Kontext der Szene stehen, ist der reale Stuhl vor Rauschenbergs Bild zwar aus seiner ehemaligen Umgebung in den Kunstraum überführt, aber seine soziale Herkunft kommt gerade hier – auf fremden Terrain – zum Tragen. Sie ist ihm eingeschrieben, so daß er – auch für die Zeit um 1960 – das einfache Küchenmilieu mit sich schleppt. Es handelt sich um keinen Repräsentationsstuhl, keinen Bürostuhl, keinen eleganten Designerstuhl, sondern um einen robusten, aber schäbigen ehemaligen Küchenstuhl. An einem Ort wie dem Museum erscheint ein Küchenstuhl deplaziert. So sieht kein Sitzplatz in der Umgebung von Hochkunst aus.

Sein stabiles Holz, seine zweckmäßige, fast geometrische Form, seine Dreidimensionalität, seine außer Frage stehende Nützlichkeit und seine anonyme Herstellung bilden einen Gegensatz zur gestischen Malerei,

Robert Rauschenberg,
Detail aus *Pilgrim*

ihrer Zweckfreiheit, ihrer Individualität, die der andere Teil des *Combine*, das Gemälde, hinter dem Stuhl vorführt.

Als zweckfreie, referenzlose Malerei, ohne Bezüge zum Mikro- oder Makrokosmos hatte sich der *Abstrakte Expressionismus* in den USA in Abgrenzung zur Abstraktion in Europa selbst definiert. Diese »reine« Malerei seiner eine Generation älteren amerikanischen Kollegen, eines Robert Motherwell oder Franz Kline, ruft Rauschenberg auf. Er »rettet« gewissermaßen diese Malerei von gestern, indem er sie mit der neuen Gegenständlichkeit realer Dinge verbindet. Bei genauem Hinsehen zeigt sich, daß in *Pilgrim* auch die Malerei auf der Leinwand mit Materialien durchsetzt ist, die gewöhnlich nicht dem Bild eigen waren. Rauschenberg hat verschiedene Stofflappen und Papierfetzen auf die Leinwand geleimt, teilweise übermalt und zum Teil auch wieder abgerissen. In einigen Bereichen sind Fältelungen des offenbar naß aufgelegten Stoffes entstanden, so als zeige die Haut des Bildes – wie die runzelige und schrundige weiße Farbhaut des Stuhles – Alterungen. An anderen Stellen weist der Stoff Risse auf, oder er gibt seine vormalige Verwendung als Kleidungsstück durch Nähte und einen eingefaßten Schlitz zu erkennen. Doch läßt sich nicht genauer bestimmen, von welcher Art Bekleidung die Stoffe stammen.

Ähnlich wie beim Küchenstuhl geht es auch im Bildteil von *Pilgrim* nicht um die Spuren persönlicher Erinnerungen in den Dingen: »Ich mag Bilder lieber«, so Rauschenberg, »die weniger spezifisch sind, damit Platz bleibt für die Vorstellungskraft aller«.[10] Viel mehr als individuelle Spuren interessiert Rauschenberg die Verwandlungsfähigkeit der Dinge, »die Erfahrung, daß ein Hemd sich verändert, wenn es in die Sonne kommt oder wenn man damit Schwimmen geht«. Nicht den Geschichten eines Individuums im Umgang mit den Materialien und Dingen spürt Rauschenberg nach, sondern dem Material und seiner kulturellen Nutzung; denn »jedes Material hat eine Geschichte. Jedes Material hat seine eigene Geschichte«.[11] Diese Aura des Gebrauchtseins verbindet Rauschenbergs Bild mit Arbeiten Alberto Burris aus den frühen 50er Jahren, in denen jedoch die Materialgegensätze von grobem Sackleinen und feinsten Seidenstoffen ebenso wie deren fast körperhaft »schwere(n) Verwundungen«[12] stärker hervorgetrieben sind. Auf diese Weise betonen auch die Flicken der groben Jutesäcke von Burris Bildern wie Pflaster die Verletzungen des Bildkörpers.[13]

Alberto Burri, Sacco R. 5, 1953
Jute, Faden, Klebstoff, Öl auf Leinwand, Pinacoteca comunale Casa Rusca, Locarno

Im Unterschied zu Burri hat Rauschenberg die Stoffe und Papiere auf der Leinwand jedoch – Kurt Schwitters vergleichbar – bearbeitet. Er hat sie in seine Malerei integriert und damit die Absorption der Materialien innerhalb des flächigen Bildes demonstriert. Diese Stoffe bewahren keine Selbständigkeit, weil sie sich der Fläche der Leinwand anverwandeln und wie diese zum Träger von Farbe werden. Der Stuhl jedoch bleibt gegenüber solchen Vereinnahmungsstrategien der Malerei resistent. Die anstrichartige Bemalung demonstriert das auf kontrastvolle Weise: der intakte, funktionale Stuhl unterwirft sich keiner gestischen Malerei. Das Material und die Funktion des Stuhles, dessen Rücklehne parallel zur Wand nicht einmal eine Fläche, sondern nur dünne Holzstege aufweist, verhindern dies. Der anonyme Gebrauchsgegenstand in seiner spröden Materialität besitzt keine Affinität zum Bild. Im Übergang von der Leinwand zum Stuhl wird die Malerei daher zum Farbanstrich. Genau diese Grenzüberschreitung zum funktionalen, alltäglichen Ding verhindert auch, daß das Alltagsrelikt in der Kunst verschwindet, unsichtbar wird. Der *Ausstieg aus dem Bild*, wie Laszlo Glozer die Veränderungen in den Bildkünsten der späten fünfziger Jahre genannt hat[14], eröffnet den Einstieg in eine Kunst, in der die Gattungsgrenzen verschwimmen und in der »Low« nicht in »High« überführt wird, sondern seine niedere Aura bewahrt.

Toter Wald und Neonlicht: Mario Merz' *Gambe che corrono*

Wurden von Künstlern der amerikanischen Pop Art vor allem Gebrauchsgegenstände und der Müll der Industriegesellschaft in die Kunst einbezogen, setzten Vertreter der *Arte Povera*[15] rohe Stoffe der Natur, wie Kohle, Reisigbündel, Baumwolle, Pflanzen, ja sogar lebende Tiere dagegen. Mario Merz befaßt sich in seiner Arbeit *Gambe che coronno* – und ist in diesem Punkt trotz der Unterschiede Rauschenberg vergleichbar – mit der Gegenüberstellung von Bild und alltäglichen Dingen. Allerdings stammen Merz' Alltäglichkeiten nicht aus der Küche, sondern einerseits aus der Natur, andererseits aus der Großstadt. Im Bereich der Hochkunst hatten vor dem *Ausstieg aus dem Bild* und den damit einhergehenden Veränderungen rohe Naturstoffe allerdings genauso wenig zu suchen wie Küchenstühle oder Kleiderfetzen. Merz hat immer wieder mit Reisig und Neonröhren gearbeitet und damit zwei Materialien in einen Zusammenhang gebracht, die nicht nur aus völlig verschiedenen Sphären stammen, sondern auch, ihrer Herkunft entsprechend, konträre Bedeutungshöfe besitzen.

Gambe che coronno besteht aus drei verschiedenen Materialbereichen. Das 4 x 7 Meter große Leinwandbild an der Wand zeigt nach links laufende und springende, körperlose Beine. Ihre Konturen sind flüchtig mit Kohle umrissen und bilden viele übereinander liegende, vage Umrisse. Dies läßt an die aus dem italienischen Futurismus vertraute Sequenzmalerei von Umberto Boccioni oder Giacomo Balla denken, in der mehrere zeitlich aufeinander folgende Phasen eines Bewegungsablaufes simultan dargestellt wurden, um so der Geschwindigkeit als Signum der neuen Zeit Ausdruck zu verleihen. Über einer durch grau-rosa Farbspraywolken ergänzten Pinselzeichnung auf der ungrundierten Leinwand lagert sich in Merz' Bild eine zweite Ebene aus Lichtzahlen. Diese Zahlen sind aus dreidimensionalen Neonröhren geformt, welche die Leinwand durchstoßen. Die Neonzahlen zeigen eine

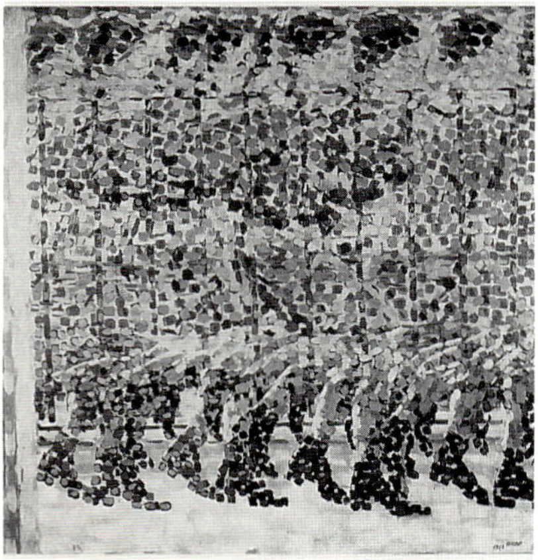

Giacomo Balla, *Mädchen auf dem Balkon laufend*, 1912

Öl auf Leinwand, Civico Museo d'Arte Contemporanea, Mailand

Mario Merz, *Gambe che corrono*, 1967/1980
Mischtechnik auf Leinwand, Neon, Reisig,
Leihgabe aus Privatbesitz
in der Hamburger Kunsthalle

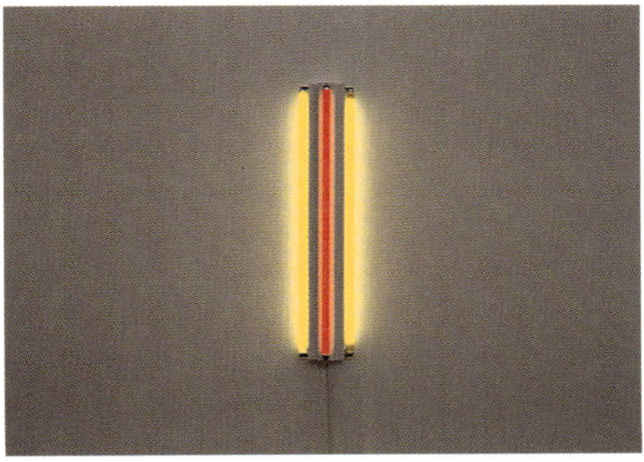

Dan Flavin, *Three Fluorescent Tubes*, 1963
gelbe und rote Leuchtstoffröhren,
Sammlung Reinhard Onnasch in der Hamburger Kunsthalle

Progression an, die der Fibonacci-Reihe entspricht und von rechts nach links, in Laufrichtung der Beine, ansteigt.

Neonlicht, das schon kurz vor dem Ersten Weltkrieg für Reklamezwecke eingesetzt wurde, trägt alle Konnotationen der modernen Gesellschaft: es ist mit der Großstadt, dem Kino, der Werbung, kurz, mit dem Fortschritt verwoben. Zusammen mit den laufenden Beinen ließe sich dieser Teil der Merzschen Arbeit als Kommentierung des italienischen Beitrages zur Moderne begreifen. Indem die Lichtröhren real die ungrundierte Leinwand durchstoßen, künden sie aber auch vom Ende des traditionellen Bildes, und stellen es mit dem verletzten Bildträger zur Diskussion. Über die Leinwand legt sich die neue Struktur des Neonlichtes, das als Material in einer geschlossenen und geformten Röhre erscheint, sie aber überstrahlt und die immateriellen Qualitäten des Lichtes freisetzt. Diese Ambivalenz des Lichtes ist auch Dan Flavins Neonobjekten eigen. Doch im Unterschied zu Flavins genormten Industrieröhren treten Merz' Leuchtstoffelemente als individuell geformte Zahlen der Fibonacci-Reihe auf. »Die Fibonacci-Reihe«, so erläutert Merz, »publiziert in Pisa im Jahre 1202, folgt einer sehr einfachen Vorstellung: dem Summieren oder Mitsichziehen der vorausgehenden Zahl in der Bildung der folgenden [...] eins mit eins addiert gleich zwei. Und zwei mit eins addiert gleich drei. Der Reihe nach aufgeschrieben macht es dann 1 1 2 3. Dann addiert die Drei die Zwei, um die Fünf zu bilden. Die Fünf die Drei, um die Zahl acht zu bilden. So verlängert sich die Sequenz, aber sie erweitert sich auch schnell, wie das Wachstum eines lebendigen Organismus. 1 1 2 3 5 8 13 21 34 55 ... ein Ende der Operation gibt es verständlicherweise nicht«.[16]

Das dritte Element von Merz' Arbeit steht in Gestalt von rund 30 trockenen Reisigbündeln auf dem Boden. Ihre Ausdehnung entspricht etwa der Hälfte des sieben Meter breiten Bildes. Die Reisigbündel beginnen in lockerer Ordnung in der Bildmitte und verdichten sich nach rechts zu einem dichten Gestrüpp, das sich in den Betrachterraum ausdehnt. Ihre Progression entspricht also dem Ansteigen der Zahlen in der Fibonacci-Reihe, doch verläuft sie in entgegengesetzter Richtung, von links nach rechts.

Die Reisigbündel übernehmen im Verhältnis zu den Bestandteilen der Arbeit an der Wand dieselbe Aufgabe wie der Stuhl in Rauschenbergs *Pilgrim*: In Merz' Verständnis repräsentieren »die Reisigbündel [...] unseren Alltag.« Auch ihnen haftet die Sphäre des Niederen und – im Unterschied zu Rauschenbergs Stuhl – zugleich des Archaischen an. Sie stammen aus der Natur, aber sie wurden geschnitten und geordnet; »ich habe sie«, so berichtet Merz, »einige Male in den Scheunen der Gebirge gesehen, diese ausgetrockneten und übereinander gestapelten Wälder.« In seinen Augen sind sie »zugleich lebendig und tot«.[17]

Als »armes« Material ist Reisig Ausdruck der Natur. Als Form sind die Bündel Resultat archaischer, noch nicht der Industrialisierung unterworfener Arbeit. Mit ihnen verbindet sich die Armut abgelegener ländlicher Distrikte – jener Berghöfe – von denen Merz erzählt. Reisig läßt sich als grober Besen verwenden, getrocknet diente es als billiges Brennmaterial. Man könnte also sagen, dieser tote Wald werde als Naturstoff in das Licht der Großstädte, das im Neon präsent ist, transformiert, wie Jan Dibbets das 1968 in einer Arbeit aus Holzbündeln und Neonröhren nahe gelegt hat.

Jedenfalls werden in Merz' *Gambe che coronno* zwei Materialbereiche mit entgegengesetzten Konnotationen der reduzierten Malerei auf der Leinwand konfrontiert. Ihre Progression aber verbindet sie, so daß die Dimension des Wachstums in vollkommen verschiedenen Sphären aufgerufen wird. Es gibt demnach zwei Richtungen des Ausstiegs aus dem Bild: die eine führt in die Primärstoffe der Natur, die andere in den Bereich der technischen Licht-Bilder, wie sie in den Neonzahlen aufscheinen.

Energetische Potentiale: *Joseph Beuys' Erdtelephon*

Auch Joseph Beuys hat in seinen Arbeiten immer wieder Artefakte und Natursubstanzen in Beziehung gebracht, so auch in der verhältnismäßig kleinen Arbeit *Erdtelephon*, die erstmals 1968 realisiert wurde.[18] Aber im Unterschied zu Rauschenberg oder Merz hat Beuys nicht versucht über die Malerei auf der Leinwand eine Verbindung der Dinge und Stoffe zueinander herzustellen. Vielmehr sind die einzelnen Teile der Arbeit, der Naturstoff Erde und das Industrieprodukt Telefon, auf einem massiven Holzbrett unvermittelt nebeneinander plaziert: Links steht ein altmodischer schwarzer Telefonapparat mit einer langen Anschlußschnur. Rechts liegt ein ausgetrockneter Klumpen Lehmerde von etwa vergleichbarem Volumen, aus dem vertrocknete Grashalme hervorschauen.

Betrachtet man das Telefon zunächst unabhängig von der Bedeutung, die Beuys dem Apparat zuweist, läßt sich feststellen: Das Telefon als Inbegriff moderner Kommunikationstechnologie tritt im Umfeld der Pop Art in vielen Medien auf. Es gehört in Richard Lindners Malerei zum Alltag

Joseph Beuys, *Erdtelephon*, 1968

Telefon, Lehmklumpen mit vertrocknetem Gras, Kabel auf Holzbrett, Leihgabe aus Privatbesitz in der Hamburger Kunsthalle

Tom Wesselmann, *Great American Nude No. 44*, 1963
Öl auf Leinwand, Telefon, gerahmtes Bild, Mantel, Heizkörper,
Sammlung Reinhard Onnasch in der Hamburger Kunsthalle

der Großstadtbewohner, es findet sich ein Münzfernsprecher unter Claes Oldenburgs weichen Venylobjekten, und Tom Wesselmann charakterisiert in verschiedenen Mixed Media Installationen seine *American Nudes* durch einen montierten realen Telefonapparat als Call-girls. Der elegante rote Telefonapparat der *Great American Nude No. 44* von 1963 etwa, legt dem Betrachter nahe, die gesichtslos gemalte Nackte sei selbst im Badezimmer zu erreichen.

Das Telefon ist Ausdruck unsichtbarer, raumübergreifender Kommunikation; es kann allerdings auch das Scheitern der Verbindungen anzeigen. So finden sich zum Beispiel in mehreren Gemälden Salvador Dalis aus der Zeit vor dem Ausbruch des Zweiten Weltkrieges Darstellungen jener schwarzen Telefonapparate, die Beuys dreißig Jahre später nutzte. Ihre demonstrativ abgerissenen Verbindungskabel weisen auf die Bedrohung durch das Abreißen politischer Kommunikation hin.[19] Das Telefon ist bei

Dali als Indikator für Krieg oder Frieden eingesetzt.

Beuys hat in allen Varianten seines *Erdtelephons* dieselben schweren, schwarzen Apparate gewählt, wie sie schon in Dalis Gemälden auftauchen[20] und denen im Entstehungsjahr 1968 der Staub und die Gewichtigkeit der Amtsstube anhafteten. Damit signalisiert schon die Wahl des Telefonapparates eine grundsätzlich andere Ebene als die der schicken farbigen Apparate für den antiseptischen Telefon-„Voyeurismus" in Wesselmanns *American Nudes*. Darüber hinaus fällt auf, daß das lange, verschlungene Kabel von Beuys' *Erdtelephon* in der Hamburger Version zwar bis zu einer Verteilerdose führt, aber dort endet. Es gibt auch keinen imaginären Adressaten wie in Wesselmanns *American Nude*.

A. M. Cassandre,
With You Everywhere, 1937
Plakatentwurf

Im Verhältnis zu dem altmodischen Telefon vermittelt der Erdklumpen etwas nahezu Archaisches. Erde, der Inbegriff fruchtbarer Materie, wurde durch die Zubetonierung der Städte in den sechziger Jahren aus den Metropolen westlicher Industrienationen zunehmend verbannt. Darauf reagierten im Protestjahr 1968 eine Vielzahl vor allem amerikanischer Künstler mit künstlerischen Erdarbeiten. Gegenüber Beuys' *Erdtelephon* ging es jedoch etwa in Walter de Marias Münchner Erdraum ebenso wie in Robert Morris' Schüttungen oder Heinz Haackes Saatskulpturen[21] um die Präsenz des amorphen Stoffes, seine »Reinheit«, seine »Verschmutzung« bzw. seine Fruchtbarkeit im Raum.

Beuys' Arbeit zeigt demgegenüber einen bescheidenen Lehmklumpen, dessen Grasnarbe nach innen geschlagen wurde. Alles Vergängliche mündet in der Erde, um wieder Neues hervorzutreiben. »Die Erde ist, wie Plinius sagt, ein Phönix.«[22] Das wird in Beuys' *Erdtelephon* nicht nur durch die Grashalme deutlich, sondern auch durch die Wahl der lehmhaltigen, fruchtbaren Erde. Lehm ist der formbare Stoff, dem in Schöpfungsmythen Leben eingehaucht wird. Beuys hat das amorphe Material

Salvador Dalí, Hitlers Rätsel, 1937
Öl auf Leinwand,
Museo Centro de Arte Reina Sofiá, Madrid

zu einem rohen Klumpen geformt, so daß einerseits der Charakter des unraffinierten Naturstoffes erhalten bleibt, andererseits aber auch seine Formbarkeit und Transformierbarkeit zum Ausdruck kommt. Die aus dem Klumpen herauskommenden, ungeordneten trockenen Grasbüschel korrespondieren dem Wirrwarr des Telefonkabels.

Bezieht man nun beide Elemente, Telefon und Erdklumpen unter Berücksichtigung von Beuys' nahezu animistischem Denken aufeinander, dann wird aus dem elektrisch betriebenen Telefon ein energetisches Sende- und Empfangsgerät. Beuys hat häufig elektrische Geräte und Energiespeicher wie Batterien oder Aggregate in seinen Arbeiten verwendet, ja, sein gesamtes Werk dreht sich um energetische Transformationen. Zum *Erdtelephon* befragt, äußerte Beuys, er »habe kein Interesse, das Telefon zu interpretieren [...] Mich interessieren die Kräfte, die an dieser Sache beteiligt sind«.[23] Nicht dem Apparat gilt also Beuys' Interesse, aber er brauchte ihn, um das unsichtbare Prinzip der Elektrizität auf möglichst alltäglicher Ebene in die Anschauung zu übersetzen. Im *Erdtelephon* scheinen die Erwartungen der romantischen Naturphilosophie an die

Eugen Napoleon Neureuther,
Die Elektrizität, um 1870
Entwurf für ein Kuppelgemälde im Münchner Polytechnikum (Detail), Feder, Aquarell, Staatliche Graphische Sammlung, München

Elektrizität wiederbelebt zu sein. Seinerzeit hatte man gehofft, mit der Entdeckung des Elektromagnetismus (1789) das Prinzip gefunden zu haben, das »die Einheit der Natur konstituiert«.[24] Fließende Elektrizität wurde in der romantischen Naturphilosophie als organische Lebenskraft[25], als eine Art göttlicher Odem angesehen. Auf diese alte Hoffnung hatten Künstler Ende des 19. Jahrhunderts spielerisch Bezug genommen, um die unsichtbare Kraft etwa in erzählerischen Wanddekorationen ins Bild zu bringen. In den Kuppelmalereien des Münchner Polytechnikum zum Beispiel wurde im Kontext des Mythos von Prometheus' Formung des Menschen aus einem Klumpen Lehm der irdene Homunculus nicht mehr durch Minerva, sondern durch Elektrizität belebt.[26] Dieses Modell der Kräfteübertragung als Animation liegt der Struktur nach auch Beuys' *Erdtelephon* zugrunde. Allerdings ist die »Dingbedeutung« des Telefons mit dem energetischen Potential im alltäglichen Gebrauch unauflösbar fusioniert. Das trifft insgesamt Beuys' Verfahren: die Manifestation des Unsichtbaren, Energetischen im physischen Stoff des Alltäglichen.

Es scheint, daß sich bei aller Verschiedenheit der Materialien und ihrer Herkunft zwischen dem ausgetrockneten Lehmklumpen mit den vertrockneten Gräsern und dem vom Stromnetz abgeschnittenen Telefon eine Analogie herstellt. Dem potentiellen Wachstum auf Seiten der Natur korrespondiert die Möglichkeit ubiqitärer energetischer Durchdringung und Kommunikation auf Seiten der Technik. Doch die Durchdringung von Stoff und Energie vollzieht sich vorerst nur symbolisch. Angesichts des ausgedörrten Bodens und des im Nirgendwo endenden Telefonkabels erscheint Beuys' programmatisches Ziel, eine Soziale Plastik zu schaffen, die dynamische Qualitäten besitzt, zwar möglich, aber noch nicht realisiert.

Schüttung amorpher Stoffe: Reiner Ruthenbecks *Aschehaufen*

Während die alltäglichen Gegenstände in den Werken im allgemeinen ihre Gestalt bewahren, auch wenn sie abgenutzt sind, wurde vor allem in den sechziger Jahren auch mit Materialien experimentiert, die auf unterschiedliche Weise instabil sind, deren Formen sich bei Berührung oder im Laufe der Zeit verändern und sich gar auflösen. Derartige Konzepte haben nicht nur die Vorstellung vom Künstler als Formgeber tangiert, sondern auch den Werkbegriff.

Ein Konzept, die Form aus dem Eigensinn des Materials zu entwickeln, führte zu Schüttungen amorpher Stoffe. Dafür hat Erde von unterschiedlichster Beschaffenheit eine zentrale Rolle gespielt; so auch für Reiner Ruthenbecks erstmals 1968 realisierte *Aschehaufen*. Die Hamburger Variante (*Aschehaufen VI*) besteht aus 1,2 Tonnen graubrauner vulka-

Reiner Ruthenbeck, *Aschehaufen VI*, 1968/71
Vierkantrohre aus Eisen, Vulkanasche,
Hamburger Kunsthalle

Nikolaus Lang, *Farbfeld*, 1991
Ocker, Sand, Lenbachhaus, München

nischer Asche (oder genauer: Lapilli-Ablagerungen) aus der Eifel. Das amorphe, teils grobkörnig-steinige, teils pudrig feine Material wurde über vier Vierkantrohre aus Eisen, die kreuzweise übereinander liegen, geschüttet. Dadurch ergibt sich eine der Schwerkraft folgende Form. Da die Schüttung vom immer gleichen obersten Punkt aus vorgenommen wird, ensteht eine symmetrische Form, das heißt ein Kegel auf Kreisbasis. Durch die unterschiedliche Größe und Dichte des Granulates fallen bei der Schüttung die schwereren, das sind die etwas größeren Teile nach unten, während die feineren eher oben bleiben. Die Form entsteht also aus der physischen Beschaffenheit des Materials.

Die kreuzweise übereinander liegenden Vierkantrohre nehmen in ihrer Länge nach oben hin ab (200, 150, 110, 60 cm). Sie bilden in dem amorphen Material zwar scheinbar das Gerüst, real sind sie jedoch in die Vulkanasche eingebettet und werden von ihr gehalten. Die Eisenrohre durchziehen den Aschekegel wie Tunnelröhren einen Berg. Sie gewähren fensterartige Durchblicke durch den lockeren Stoff. Ihre vertikalen Schnittflächen folgen nicht dem konischen Aschehügel, so daß hier kleine Absätze in der gleichmäßigen kegelförmigen Schüttform auftreten.

Die stabilen, industriell produzierten Eisenrohre schneiden präzise Formen in den amorphen Naturstoff. Da das granulatartige Material im Unterschied zu Lehmboden aber nicht den Vorstellungen von fruchtbarer Erde entspricht, sondern den Eindruck eines ausgeschiedenen, porösen

Robert Morris, *Dirt*, 1968

Erdgemenge, Seife, neu installiert in der nördlichen Deichtorhalle, Hamburg 1995

Stoffes vermittelt, stellen sich Assoziationen zur Industrieschlacke und -asche her, die, wie die Vulkanasche, ebenfalls durch Feuer entstehen.

In der Schüttung des aus unendlich vielen variablen Partikeln bestehenden Materials zu einem regelmäßigen, geometrischen Körper wird die Beziehung von Material und Form reflektierbar und ist darin Nikolaus Langs perfekten kleinen Sandschüttungen immer gleicher Mengen australischer Ockersande vergleichbar.[27] Demgegenüber hatte Robert Morris in den ausgehenden sechziger Jahren seine Erdschüttungen als Experiment einer Untersuchungsreihe zur *Anti Form* verstanden. In *Dirt*, einer Erdschüttung, die, wie Ruthenbecks *Aschehaufen,* erstmals 1968 realisiert wurde, hat Morris alles daran gesetzt, um – quasi in Umkehrung des alten Paradigmas – die Form im Material verschwinden zu lassen. Die mit Industrieabfall durchsetzten Erden, die gerade nicht von einem Punkt, sondern scheinbar wahllos zusammengekippt wurden, bilden einen amorphen, sich latent verändernden Haufen Dreck. Erde mutiert durch die Berührung mit der Industriegesellschaft zu Abfall. Die verdrängten Stoffe kommen als Kunst zurück. Eine der Beschreibung zugängliche *Form* läßt sich nicht ausmachen. *Dirt* unterwandert mit seinen amorphen, unbenennbaren Mischungen die Bastion der Form ebenso wie die Vorstellungen von Erde als einer »reinen« Substanz, wie sie Walter De Maria in seinen künstlich keimfrei gehaltenen Erdräumen verfolgt.[28]

Flüchtige Form und destabilisiertes Material: Robert Morris' Filzarbeiten

Morris hat für seine Recherche zur Untergrabung und Auflösung der Form nicht nur Erde, sondern neben industriellen Garnabfällen auch Filz genutzt. Erklärtes Anliegen des auch als Autor und Kritiker tätigen Künstlers war es, »den Blick auf das Material und die Schwerkraft als Mittel zu richten, die Formen hervorbringen, die nicht vorausbestimmt waren«.[29] Dazu hat Morris in der erstmals 1967 realisierten grauen Filzarbeit auf unterschiedliche Weise in Streifen und Winkel zerschnittene Filzbahnen an zwölf Schrauben so an der Wand aufgehängt, daß sie auf ganz verschiedene Weise herabfallen, auf den Boden auftreffen und sich dort den Spannungsverhältnissen und Widerständen entsprechend ausbreiten. Durch die Schnitte in die einen Zentimeter dicken Filzbahnen sind schmale und breite, lange und kurze Streifen entstanden, die dem

Robert Morris, *Ohne Titel*, 1967
Filz, Metallösen,
Hamburger Kunsthalle

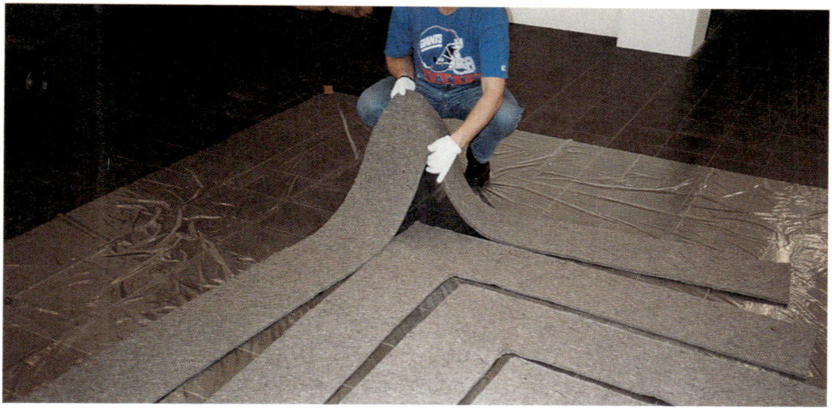

Robert Morris, Filzbahnen für *Ohne Titel*, 1967
Installation in der Hamburger Kunsthalle 1996

Material unterschiedliche Flexibilität verleihen. Morris ist hier vorgegangen wie in den zwanziger Jahren Joseph Albers, der die Schüler im Vorkurs des Bauhauses Papiere zerschneiden und durch Knicke und Faltungen materialen Eigenschaften entsprechend in unterschiedlichste Formen ohne Abfall bringen ließ.[30] Während Albers' Übungen durch das Raster gleichartiger Formen jedoch auf die Stabilisierung des ephemeren Materials und die Überwindung der Schwerkraft zielten, verfolgte Morris geradewegs das Gegenteil.

Da sich Material ohne Form kaum denken läßt, sollten sich die Formen aus dem Material und dessen eigenen Gesetzen ergeben: Nicht nur die unterschiedlichen Streifen verhalten sich verschieden, sondern auch aus dem gleichartig ge-

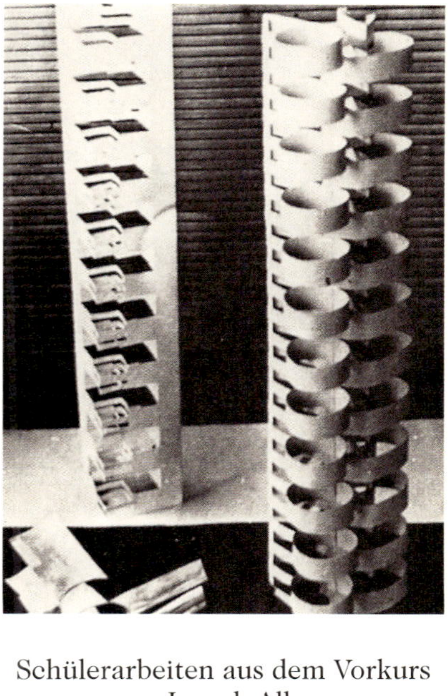

Schülerarbeiten aus dem Vorkurs von Joseph Albers
am Bauhaus, zwanziger Jahre, Papier

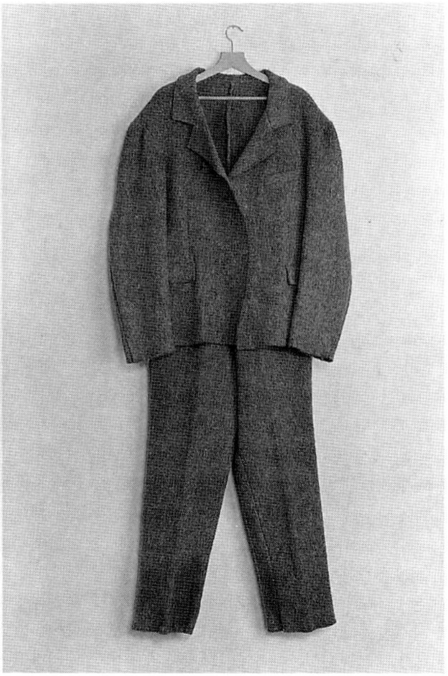

Joseph Beuys, *Filzanzug*, 1970
Filz,
Leihgabe aus Privatbesitz in der
Hamburger Kunsthalle

schnittenen Material bilden sich immer neue Schlaufen und Knäuel, die die Übergänge von der Wand zum Boden verschleifen. Das Werk hängt, liegt und steht gleichermaßen. Morris' Interesse richtete sich auf eine Kunst, in der »Überlegungen zur Schwerkraft ebenso wichtig werden wie die zum Raum«.[31] Er machte den Herstellungsprozeß zum Thema, in dem »zufälliges Aufschütten, loses Schichten und Hängen dem Material eine flüchtige Form verleihen«.[32] Das kaum zu entwirrende Konglomerat aus gestauchten, hängenden, verdrehten Filzbahnen, das bei jeder Neuinstallation zwangsläufig variiert, läßt sich unter den Gesichtspunkten der Form kaum beschreiben. Es ist das ins Material transferierte und damit der Veränderung ausgesetzte Geflecht, das Jackson Pollock innerhalb der Malerei mit seinen *drippings* erzeugt hatte.

Diese In-forme entspricht insofern dem Charakter von Filz, als das Material aus verschiedenen Gemengen, Wolle, anderen Haaren und Fasern besteht, die sich beim sogenannten Walken, unter feuchter Wärme und mechanischem Druck unentwirrbar ineinander verschlingen (verfilzen) und zu einem Tuch gepreßt werden. In ungefärbtem Zustand hat der Filz eine typische dunkelgrau-braune Farbe, die aus der verwendeten Gemengelage entsteht. Auch Beuys hat häufig Filz verwendet. Aber sein Umgang mit dem »niederen« Material ist anderer Art: Seine Filzarbeiten zeigen stets präzise Formen. Beuys hebt andere Eigenschaften des Stoffes hervor. In verschiedenen Werken, allen voran dem legendären Filzanzug, geht es weniger um formale Eigenschaften als um die wärmenden und isolierenden Qualitäten des Filzes, also wieder um Energetisches. Denn der wie eine urtümliche zweite Haut erscheinende Anzug ruft den abwesenden Körper als etwas zu Schützendes auf.

Sich selbst verdauendes Material: Dieter Roths Lebensmittelplastiken

Dem Problem, das Morris als *Anti Form* benannt und konsequent untersucht hatte, widmeten sich mit anderen Materialien und veränderten Versuchsanordnungen auch eine Reihe von Fluxus-Künstlern.[33] Dabei ging es zum Beispiel auch um selbständige Veränderungen unterschiedlicher organischer Substanzen. Selbst Beuys' *Fettecken* sind als verderbliche Nahrungsmittel, trotz ihrer Stabilisierung mit Stearin, einer unaufhaltsamen Transformation unterworfen.

Während Claes Oldenburg seine Schweinerippen, Spiegeleier oder Sahnetorten im Maßstab veränderte, aus Gips formte und bemalte , so daß Vergänglichkeit durch schrumpelige Oberflächen suggeriert wird, hat Dieter Roth in den sechziger Jahren den Umgang mit realen Nahrungsmitteln erprobt. Schokolade und Nudeln, Joghurt, Kartoffeln, Brot oder Obst, alles Verderbliche diente zur künstlerischen Verwendung und zur Beobachtung des Verfallsprozesses. Hatten Stilleben des Barock in der überbordenden Fülle der malerisch verewigten Nahrungsmittel an die

Claes Oldenburg, *Plate of Meat*, 1961

Emaillefarbe auf Gips,
Sammlung Reinhard Onnasch in der
Hamburger Kunsthalle

Dieter Roth, *Dies ist Cremers Haufen*, 1967
Preßspanplatte, Brot, genagelt und mit Draht befestigt, zum Teil mit blauer Farbe übermalt, abwechselnd mit Gips, Milch und Joghurt übergossen, Sammlung Cremer in der Hamburger Kunsthalle

Vergänglichkeit aller irdischen Genüsse gemahnt, wurden nun die Veränderungen der organischen Substanzen und ihre Einwirkungen aufeinander im Realzeitsystem vorgeführt. Roth hat auf diese Weise Schimmel- Schrumpf- und Bröckelplastiken hergestellt, die, solange sie noch Feuchtigkeit enthielten, Schimmelpilze trieben und oft genug die Ekelgrenze überschritten. Inzwischen darf man gespannt sein, wie lange die zum Teil kaum noch ermittelbaren Substanzen, etwa von *Dies ist Cremers Haufen* aus dem Jahr 1967 noch erhalten bleiben. Sie scheinen sich selbst zu »verdauen«.[34]

Für *Sannahs Zwerg* von 1969 hat Roth einen industriell gefertigten Gartenzwerg in Schokolade getaucht und so mit Schokolade gepanzert, daß gerade noch die Zipfelmütze als signifikantes Zeichen des Versteckten aus einem zylinderartigen Schokoladenturm herausschaut. Aber auch diesen Zipfel hat er nahezu restlos mit flüssiger Schokolade übergossen,

Dieter Roth, *Sannahs Zwerg*, 1969
aus Plastik gefertigter Gartenzwerg, Schokolade,
Sammlung Cremer in der Hamburger Kunsthalle

so daß von dem wetterfesten Material der deutschen Schrebergartenzierde bis auf ein winziges rotes Fleckchen an der Zipfelmütze nichts mehr zu sehen ist. Würde man den Wicht wieder seinem Reich, dem Vorgarten, zuführen, würde er wohl bald in einer zähen braunen Lache stehen, jedenfalls allmählich von seiner süßen Schicht befreit werden.

Statt dessen hat die Schokolade von *Sannahs Zwerg* im Kunstraum ihr Eigenleben entfaltet. Sie ist fleckig geworden, hat Blasen geworfen, ist gerissen und aufgesprungen, kurz und gut, sie hat eine dynamische Patina entwickelt, die an Emil Schumachers krustige Bildoberflächen denken läßt. Sie erinnert kaum mehr an etwas Eßbares, sondern sieht insgesamt eher aus wie eine verrostete alte Eisentrommel. Die legt ihrerseits umgekehrt Assoziationen an organische Substanzen nahe, weil die Oberfläche so vielfältig und unabgeschlossen erscheint. Der Prozeß der Veränderung, der in letzter Konsequenz zur Entdifferenzierung aller Stoffe führt, scheint zu keinem Stillstand gekommen zu sein. Es wird anschaulich, wie Nahrungsmittel bei ihrer Ausgliederung aus dem Kreislauf der Konsumption ihr eigenes Leben entfalten, sich als das, was sie waren, aber vollständig entwerten. Die Fragilität der Oberfläche erzeugt in Verbindung mit dem vergleichsweise kleinen Format und der Abschirmung durch den Glaskasten jedoch offenbar keine Ängste mehr vor unhygienischem Schimmel oder Abwehr gegenüber vermeintlich rostendem Schrott.

Rostender Stahl: Richard Serra

Rostende Oberflächen können jedoch im ästhetischen Kontext auch anders bewertet werden. Das hat sich vor allem in den Auseinandersetzungen um Richard Serras Arbeiten aus Corten-Stahl gezeigt. Serra arbeitet auf industriellem Niveau mit Materialien der Schwerindustrie. Bei den Rauminstallationen aus Stahlplatten wird, im Unterschied zu den Blei-Splashings, die Serra in Schwerarbeit mit einer Gruppe von Mitarbeitern selbst ausführt,[35] die Herstellung nach seinen Maßangaben von entsprechend spezialisierten Firmen übernommen. Die physische Wirkung dieser tonnenschweren Platten ist oft beschrieben worden.[36] Die Macht potenziert sich, wenn Platten von mehreren Metern Höhe diagonal auf eine Ecke zulaufen, den Raum also gegen alle Gewohnheit so zerteilen, daß beklemmend enge Winkel von 45 Grad entstehen. Damit verändert sich der Raum auf geradezu dramatische Weise. Das wird besonders in der zweiteiligen Arbeit aus 5 cm dicken Stahlplatten deutlich, in der das Tragen und Lasten gleich starker und gleich großer Platten thematisiert wird. Eine rechteckige Stahlplatte von 271 x 142 x 5 cm liegt in 2,71 Metern Höhe flach auf der Schnittkante der frei stehenden Platte. Die Schwere scheint spürbar und wird durch die Lage über dem Betrachter bedrohlich. Ohne Befestigung stabilisieren sich die Stahlplatten allein durch die Schwerkraft.[37]

Die Wucht des schwerindustriellen Herstellungsprozesses ist in der physischen Päsenz des Materials anwesend. Damit gelangt zugleich das Odium industrieller Arbeit in den Kunstraum. Das verstärkt sich durch die rostige Oberfläche des Corten-Stahls, der, ästhetisch betrachtet, eine faszinierende, intensiv farbige Oberfläche bildet. Doch offenbar sind die mit dem Rost der wuchtigen Stahlplatten verbundenen Konnotationen anderer Art. In den ebenfalls aus Corten-Stahl gearbeiteten, vier kleinen dünnwandigen Boxen von Donald Judd wird die Farberscheinung der Stahloberflächen durch das rote Plexiglas der Innenflächen gesteigert. Der *Material*charakter des rostigen Stahls wird dadurch zurückgedrängt, Rost erscheint als Farbe, die sich im Rot der Rückwände noch steigert.

Das gilt jedoch nicht für die Rostschicht der riesigen tonnenschweren Corten-Stahlplatten. Im Außenraum aufgestellt, wurden Serras Skulpturen seit den späten siebziger Jahren vielerorts zum Ziel von Sauberkeitskampagnen[38] engagierter Bürger. Das soll hier nicht denunziert werden; bezeichnend aber ist, daß – Beuys' Düsseldorfer Fettecke nicht unähnlich – das Material mit tradierten Vorstellungen von Kunst kollidiert. Ist in den schweren Stahlplatten schon der industrielle Arbeitsprozeß eingeschrieben, so weist Rost diese Arbeit nicht nur als

Richard Serra, *Anvil*, 1988

Corten-Stahl, Leihgabe der Galerie m Bochum in der Hamburger Kunsthalle

Richard Serra, Detail aus *Anvil*

Donald Judd, *Ohne Titel*, 1984
Corten-Stahl, Plexiglas,
Leihgabe aus Privatbesitz in der Hamburger Kunsthalle

schmutzige aus, sondern auch als minderwertige, durch die keine sauberen, sondern verrottende Dinge fabriziert werden. Rost wird mit Schrott identifiziert, was rostet, gehört zum Müll.

Tatsächlich ist der Rost des Corten-Stahls jedoch gerade kein Indiz der Verrottung, sondern im Gegenteil Ausdruck der Oxydation und damit Zeichen der Beständigkeit des Materials. Durch den Rost wird die Oberfläche verschlossen und der Stahlkern geschützt.[39] Dieses erst in den sechziger Jahren entwickelte Verfahren widerspricht älteren Erfahrungen mit rostendem Eisen und Stahl, war doch blitzblanker »rostfreier Stahl« lange Zeit ein Gütesiegel.

Wie abhängig von historischen Gebrauchsweisen und Erfahrungen, wie wandlungsfähig folglich auch die Bewertung von Materialien ist, zeigt indessen die jüngste Entwicklung. Inzwischen scheint sich unter den Auspizien eines – zumindest in Europa – zu Ende gehenden Zeitalters der Schwerindustrie das Image des Rostes zu wandeln. Durch das Verschwinden der Schwerindustrie aus den alten Zentren scheint der Rost nahezu nostalgischen Erinnerungswert zu besitzen. Nicht nur alte Werkshallen samt Maschinenpark werden heute als feines Ambiente geschätzt, sondern Corten-Stahl findet in zunehmendem Maße auch für Hausfassaden Verwendung und rostige Bücherregale oder Schränke erweisen sich seit neuestem als exklusiver Designerhit.

Sack und Asche: Jannis Kounellis

Auch Materialien, wie sie Jannis Kounellis für seine Arbeiten verwendet, beziehen sich auf eine verschwindende Industrie und die Zeit der Industrialisierung, allerdings weniger direkt als Serras pure Stahlplatten.

Seit 1968 hat Kounellis immer wieder mit Feuer[40] gearbeitet und Ruß, ebenso wie andere Überreste des Feuers, in seine Arbeit einbezogen. Der Wagen mit verkohltem Holz demonstriert jedoch einen anderen Einsatz von Feuer als die Rußspuren an der Wand.

Auf dem Metallrost eines flachen Wagens ist verkohltes Holz zu einem unregelmäßigen Haufen aufgeschichtet. In das schwarze Holz hat sich das Feuer als vergangenes Ereignis eingeschrieben, so daß in dem verkohlten Holz das Verbrennen anwesend bleibt.[41] Das Material speichert also den Vorgang. Das Feuer hat das Holz der Scheite und Äste transformiert, es hat den Stoff verändert, aber dessen urspüngliche Form bewahrt. Die Form enthält die Erinnerung an organische Natur. Diese Umwandlung, durch die Energie freigesetzt wird, kennzeichnet einen simplen aber folgenreichen physikalischen Vorgang, der sich als roter Faden durch die Kulturgeschichte zieht. In der Kohle ist der »unterirdische Wald«,[42] wie einst die neu entdeckten Kohlenlager bezeichnet wurden, enthalten, die als Energievorräte der Industriellen Revolution dienten.

Auch der Kohlenwagen stellt einen Energievorrat dar. Auf dem Wagen plaziert, wird der Verwertungszusammenhang der Materialverwandlung deutlich. Der schwarze Rest einstiger Bäume ist auf dem Eisenrost, einer Art Lore, gelandet und damit mobil und verfügbar geworden. Dieser Zustand der Beweglichkeit ist für die Industrie ebenso charakteristisch wie die unentwegte Transformation der Natur. Auf diesem Prozeß beruht die gesamte Kultur, insbesondere die der Industrienationen.

Jannis Kounellis, *Ohne Titel*, 1968
Holzkohle auf Wagen aus Holz und Eisen, Hamburger Kunsthalle

Mit einer anderen Seite kultureller Tradition setzt sich Kounellis in der zweiten Feuerarbeit auseinander. Nur noch Rußspuren zeugen von vergangenem Feuer. Über insgesamt 40 kurzen Metallborden, die in gleichen Abständen an der

Jannis, Kounellis, *Ohne Titel*, 1984
Wandinstallation mit 40 Rußspuren über Eisenkonsolen und Holzstücken auf fünf Konsolen
Hamburger Kunsthalle, Eigentum der Stiftung zur Förderung der Hamburgischen Kunstsammlungen

Yves Klein, *Feuerwand und Feuersäule*, 1961
Museum Haus Lange, Krefeld

Wand angebracht wurden, sind die schwarzen Rußspuren von Flammen auf der weißen Wand zu sehen. Sie erscheinen schwerelos – fast möchte man sagen, wie Schatten von Flammen – denn sie haben außer Ruß nichts hinterlassen. Daher läßt sich auch nicht mehr sagen, was die Flammen konsumiert haben, aber es muß etwas Gleichartiges gewesen sein, denn die Rußspuren sind alle etwa von derselben Größe und Intensität. Diese Partitur der Rußflammen läßt in ihrer strengen Ordnung an die *Feuerwand* aus Gasflammen in einem Metallgitter denken, die Yves Klein 1961 im Haus Lange in Krefeld realisierte. Klein erzeugte mit den Gasflammen jedoch eine höchste Gegenwärtigkeit, ein äußerstes Jetzt. Ihn interessierte die Dimension der Materieaufhebung.

Jannis Kounellis, *Ohne Titel*, 1996

Sandstein, Jutesäcke, Eisenträger,
Hamburger Kunsthalle

Anselm Kiefer, *Nürnberg*, 1982
Öl, Stroh, Schellack, verkohltes Holz, Leinwand

Kounellis dagegen arbeitet an Geschichte. Auf fünf weiteren übereinander angebrachten Borten der Rußarbeit wurden alte, aus unterschiedlichen Zusammenhängen stammende Holzstücke aufgeschichtet. Einige weisen Nägel auf, andere tragen Brandspuren. Dadurch wird nahe gelegt, daß Holz an dem Brennen beteiligt war, das die Rußspuren hinterlassen hat. Diese simple aber gleichwohl eindrucksvolle Vorstellung von Feuer durch die Zusammenstellung von Holz und Ruß zu evozieren, hat auch andere Künstler beschäftigt. Anselm Kiefer etwa hat in einer Reihe von Bildern gemalte Flammen mit leicht brennbaren Materialien, wie Stroh, zusammengestellt oder verkohlte Balken in eine verwüstet dargestellte Landschaft montiert und mit *Nürnberg* betitelt. Das Unheimliche, das entsteht, spielt sich in der Vorstellung ab, die das Stroh entflammen und das Holz verbrennen läßt. Kiefer hat viel daran gesetzt, diese Vorstellung mit Geschichte, vor allem der Geschichte des Nationalsozialismus zu tränken.[43]

Aber auch gegenüber Kiefers Umgang mit Feuer lassen sich trotz vergleichbarer Interessen in der Annäherung an Geschichte durch Feuer grundlegende Differenzen feststellen. Kounellis arbeitet im Unterschied zu Kiefer weder mit Namen von Personen noch von Orten. Seine Arbeiten haben nicht einmal Titel, die ein konkretes Assoziationspotential aufrufen. Dennoch operiert Kounellis mit kulturellen Erfahrungen. Seine Wand mit den 40 Rußflammen über je einem Metallbord legt im Gegensatz zum Kohlenwagen nicht die industrielle Nutzung des Feuers nahe, sondern jene religiöse Dimension, die in der christlichen, insbesondere der katholischen Tradition die Flammen der Devotionslichter schürt. Und man mag, einmal auf dieser Spur, das alte Holz mit den Nägeln als Hinweis auf das Kreuz verstehen. Doch bleiben dies Lesarten, die sich nicht weiter konkretisieren lassen. Daß allerdings Kounellis eine solche »nichtähnliche Ähnlichkeit« verfolgt, machen seine Auseinandersetzungen mit anderen Bereichen der christlichen Traditionen deutlich.[44] Er hält in nichtdarstellenden Werken die Weiterführung der großen Themen der europäischen Geschichte der Kunst für möglich. Für die Neuformulierung nutzt Kounellis vor allem die Materialien und Dinge selbst. Das ist keineswegs ein »prä-ikonographischer Zustand«, von dem Germano Celant sprach, sondern die Fortführung der Ikonographie mit anderen Mitteln. Kounellis ist sich dessen offenbar bewußt, wenn er sich einerseits gegen eine nur über den Schriftsinn zu gewinnende Bedeutung abgrenzt, andererseits die Ikonographie als Lehre von der Tradierung der Bilder versteht. Aus diesem kulturellen Gedächtnis gibt es in Kounellis' Verständnis ohnehin kein Entrinnen. Darin sieht er die Chance und Verpflichtung europäischer Künstler und wird nicht müde, diese Tradition einer davon unabhängigen, amerikanischen Kunst entgegenzusetzten. Kounellis' Traditionsvermittler sind in erster Linie die Materialien.

In einer weiteren Arbeit hat Kounellis auf einer Fläche von 3,5 x 3 Metern Säcke übereinander gestapelt. Was sich darin verbirgt, läßt sich im Unterschied zu den offenen Säcken, die der Künstler mit Kohle, Bohnen oder Erbsen füllte, nicht erkennen. Der Jutesack als Verpackung ist charakteristisches Zeichen des Warentransportes, er ist ein genuiner Nomade aus der Zeit vor dem Containertransport. Entsprechend stammen die verwendeten groben Jutesäcke aus dem Hamburger Hafen, und die Aufdrucke lassen ihre ehemalige Verwendung für den Transport von Kaffee und Gewürzen erkennen. In Säcke packt man gewöhnlich Material, das sich nicht oder doch nur schlecht stapeln läßt. Noch vor einer Generation waren Kartoffel- und Kohlensäcke in jedem Haus anzutreffen. Ihre Größe ist auf den Transport durch Menschen berechnet. Mit schwer lastender Kohle gefüllte Säcke, aus denen eiserne Segel und hohe Eisenträger emporragten, waren auch Bestandteil der Hamburger Installation *Die eiserne Runde*. Die Säcke führen die Formung des variablen Materials gegen den Widerstand der Schwerkraft vor.

In Kounellis' Stapelarbeit wird jedoch optisch deutlich, daß die Säcke keine amorphen Stoffe enthalten. Ihre Form zeigt, daß es sich um festes, schweres Material han-

Jannis Kounellis,
Die Eiserne Runde, 1995
Installation im Kuppelsaal
der Hamburger Kunsthalle

Christo, *Verpackte Zeitschriften*, 1962
Papier, Plastikfolie, Schnur, Sammlung Sonnabend

deln muß, denn es lassen sich keine Verschiebungen der Massen durch Druck erkennen. Tatsächlich enthält jeder Sack je einen grob behauenen Brocken Sandstein. Die so verpackten Steine wurden übereinander geschichtet wie jene unregelmäßigen Bruchsteine, die Kounellis seit Ende der sechziger Jahre für seine Vermauerungen von Türen und Fenster nutzt. Auf diese Weise entsteht der Eindruck einer sorgfältigen, mauerartigen Stapelung. Doch im Unterschied zu den Vermauerungen aus Bruchsteinen, die manchmal mit eingestreuten Gipsfragmenten nach antiken Statuen gespickt sind, entsteht durch die Säcke ein anderer Eindruck. Der kompakte Naturstoff verschwindet in der Verpackung, er wird mobil wie die Kohle; die Säcke als Handelszeichen charakterisieren die Delokalisierung. Die in ihrer Materialität verborgenen Steine mutieren durch die Verpackung vom Naturstoff zum Kulturprodukt. Kounellis macht das durch die groben Säcke als Zeichen des Transportes, und damit der Entfernung vom Ursprungsort, deutlich. Die vielfältigen Verpackungen Christos unterscheiden sich in zwei Punkten grundsätzlich: zum einen hat Christo die Dinge stets in saubere Folie verpackt und in jüngeren Arbeiten galt die Verpackung gerade nicht transportablen, sondern ortsfesten Objekten, wie etwa dem Berliner Reichstag.

Kounellis verpackt dagegen das Transportable. 1994 war im Laderaum eines alten Frachtschiffes in Piräus eine Retrospektive zu sehen. Hier wurde das Phänomen der Delokalisierung als Grundlage der Warenwirtschaft und damit der gesamten Industriekultur deutlich, weil der Ausstellungsort selbst ein mobiler war, der sich demselben Zweck verdankt. Hier, wie in weiteren Installationen in den Ruinen der großen Industrie, gewinnen Kounellis' Arbeiten nostalgische Züge. Das entspricht Kounellis' politischer Überzeugung, daß das einst vom Bürgertum ausgefüllte »Zentrum« noch von keiner neuen Gesellschaftsgruppe eingenommen wurde.

Richard Long, *Slate Ring*, 1985

Schiefer, Leihgabe aus Privatbesitz in der Hamburger Kunsthalle

Joseph Beuys, aus: *7000 Eichen*, 1982

Eichen und Basaltsäulen in Manhatten, 1991

Auch bei Richard Longs Schieferring handelt es sich um eine Delokalisierung. Aber gegenüber Kounellis zeugt Longs Arbeit von einem anderen Interesse an dem Material. Während es für Kounellis gleichgültig ist, welche Steinsorte er in einen Sack packt, solange bestimmte Volumen erreicht werden (womit er wie ein Händler agiert), ist für Long der jeweilige »Wuchs« der verwendeten Steinsorten ausschlaggebend. Den Schiefer behandelt Long anders als etwa den Granit oder den Basalt. In der Berücksichtigung der geologischen Beschaffenheit der jeweiligen Gesteine verfährt er ähnlich wie

Ulrich Rückriem. Schiefer ist, im Unterschied zu dem in Säulen wachsenden vulkanischen Basalt, den Beuys in verschiedenen Arbeiten wie den *7000 Eichen* verwandte, ein Sedimentgestein. Das heißt, es lagert sich über sehr lange Zeit in horizontalen Schichten ab. Diesem erdgeschichtlichen Entstehungsprozeß entsprechend hat Long seinen Schieferring auf dem Boden in flachen, unregelmäßigen Platten übereinander geschichtet. Die simple Form des Kreises läßt die Eigenschaften des Materials hervortreten. Long versucht, der »Natur« der Materialien Ausdruck zu verleihen, Kounellis dem kulturellen Umgang mit den Materialien der Natur.

Long hat zum einen auf seinen langen Wanderungen in entlegenen Gebieten mit den Materialien der Umgebung einfache Zeichen gesetzt und sie dann der Natur überlassen. Andererseits hat er Steine in die Galerieräume geholt. Im »System Kunst« entfaltet der rohe Naturstoff seine erdgeschichtliche Zeit. Die Steine scheinen schon vor allem anderen dagewesen zu sein. Als Natur scheint diese Kunst von ewiger Dauer.

Gedächtnis und Material: Christian Boltanskis *Les Suisses morts*

Nicht allein für Werke der sechziger und siebziger Jahre, mit denen die Vorstellungen vom Künstler wie vom Kunstwerk programmatisch hinterfragt werden sollten und zu diesem Zweck alltägliche Dinge oder ephemere Materialien in den Kunstraum Einzug hielten, ist der physische Stoff von Bedeutung. Vielmehr scheint das Material für die Kunst nach 1945 insgesamt eine zentrale, wenn auch seitens der Kunstgeschichtsschreibung noch immer vernachlässigte Kategorie zu sein.[45] Zwar hat sich heute der künstlerische Umgang mit dem Material gegenüber den zum Teil anarchischen und gezielt formnegierenden Verfahren verändert, doch bei allen Unterschieden, die sich gegenüber den sechziger und siebziger Jahren zeigen, verspricht die Materialbefragung Aufschlüsse, die auf andere Weise nicht zu gewinnen sind. Daher soll zum Schluß stellvertretend eine viel später entstandene Arbeit unter dem Gesichtspunkt des Materials erörtert werden.

Auch in den um Tod und Gedächtnis kreisenden Arbeiten Christian Boltanskis hat das Material einen signifikanten Stellenwert. In der Installation *Réserve: Les Suisses morts* von 1990 wurden insgesamt 1168 gleichgroße blecherne Keksdosen zu einer schmalen, U-förmigen Anlage gestapelt. Dadurch wird ein etwa sechs Meter langer, schulterbreiter, übermannshoher Gang gebildet, der am hinteren Ende in derselben Höhe von den gestapelten Blechkisten abgeschlossen wird. Von oben beleuchten schwarze Bürolampen die Schlucht zwischen den Kisten. Jede Blechdose trägt zur Gangseite hin ein Portraitphoto. Es wurde mit geringfügig größerem schwarzem Karton unterlegt, so daß, wie bei Todesanzeigen, der Eindruck eines Trauerrandes entsteht.

Formal weist die aus gleich großen Kuben zusammengesetzte U-Form Beziehungen zur Minimal-Skulptur auf. Aber dennoch ist alles anders als in Carl Andres oder Donald Judds präzise gearbeiteten Skulpturen aus Stahl und Plexiglas. Im extremem Gegensatz zu Judds exakten offenen Quadern aus Corten-Stahl, deren Wirkung in der absoluten Perfektion liegt, scheinen sämliche Blechbüchsen Boltanskis Individuen zu sein. Das Portraitphoto auf je einer Blechdose suggeriert ein persönliches Besitzverhältnis, so, als werde, wie auf italienischen Friedhöfen, der individuelle Tod durch die Zuordnung von Portraitphoto und Kiste memoriert.[46] Die Portraits zeigen trotz ihres gleichen Formates, daß sie aus völlig unterschiedlichen Zusammenhängen stammen. Bei einigen scheint es sich um Paßphotos zu handeln, andere Gesichter wurden offenbar aus Schnappschüssen herausisoliert und vergrößert, in manchen Fällen handelt es sich um Papierabzüge, in anderen Fällen finden sich Reproduk-

Christian Boltanski, *Réserve: Les Suisses morts*, 1990

Keksdosen aus Zinkblech, Lampen, Kabel, Schwarzweiß-Photographien, Hamburger Kunsthalle. Eigentum der Stiftung zur Förderung der Hamburgischen Kunstsammlungen

Christian Boltanski, Detail aus
Réserve: Les Suisses morts

tionen von Zeitungsreproduktionen. Was jedoch bei längerem Betrachten der *Suisses morts* am meisten irritiert, ist der Befund, daß einige Photos mehrfach auftauchen. Das untergräbt die Zuordnung von individuellem Photoportrait und Blechkiste im Zeichen des Todes und legt den fiktionalen Charakter der Arbeit offen.[47]

Der Gesamteindruck, den die Installation vermittelt, unterscheidet sich nachhaltig von anderen, dem Verfahren des Archivierens nach vergleichbaren Arbeiten Boltanskis, die aber in anderen Materialien ausgeführt wurden. In den *Réserve-Détective* von 1987 zum Beispiel wurden im Unterschied zu der Hamburger Arbeit Holzregale verwendet, die mit Pappschachteln ausgefüllt sind. Jede dieser Pappschachteln trägt wieder ein – allerdings in der Größe variierendes – Portaitphoto auf der Stirnseite. Die Materialien und die differente Ordnung lenken allerdings die Assoziationen gegenüber den Blechdosen in andere Richtungen. Die Holzregale und Pappschachteln unterschiedlicher Größe vermitteln den Eindruck latenter Unordnung. Die seriell hergestellten Metallkisten der Hamburger Installation mit den gleich großen Photos demonstrieren dagegen Gleichordnung. Das Metall, das durch gezielte Bearbeitung ganz verschiedene Oberflächen aufweist, die zum Teil von Rost angefressen sind, wird trotz seiner Anfälligkeit, welche die vielfältigen Veränderungen der Oberflächen demonstrieren, anders konnotiert als Pappe. Metall trägt selbst noch in seiner billigsten Variante, dem hier verwendeten Weißblech, gegenüber Pappe den Anspruch auf Dauer in sich. Die Pappkartons suggerieren dagegen eine vergleichsweise temporäre Nutzung. Man mag Suchdienste, Polizeiarchive und ähnliche Verwaltungen des Todes assoziieren, jedenfalls etwas, das noch nicht zum Stillstand gekommen ist, das noch benutzt wird.

Durch die verwendeten, im Alltag gebräuchlichen Materialien, lenkt Boltanski, der Meister des Spurenlegens, auf gezielte Weise das Fährtenlesen.[48] Spuren bezeugen zwar etwas Abwesendes, aber dadurch wird das Material, auf dem sich die Spuren abzeichnen, um so bedeutsamer.

Christian Boltanski, *Réserves – Détective II*, 1988

Pappkartons mit Ausschnitten aus der Zeitschrift »Détective«, schwarzes Klebeband, schwarze Kreide, Holzregale, Privatsammlung

1 Martin Warnke: Schneedenkmäler, in: *Mo(nu)mente. Formen und Funktionen ephemerer Denkmäler*, hrsg. von Michael Diers, Berlin 1993, S. 51–60.
2 Thomas Raff: *Die Sprache der Materialien. Anleitung zu einer Ikonologie der Werkstoffe*, München 1994, S. 22.
3 Raoul Hausmann zit. n. *Tendenzen der Zwanziger Jahre*, Ausst.-Kat. Berlin 1977, 3/86.
4 Andrea El-Danasouri: *Kunststoff und Müll. Das Material bei Naum Gabo und Kurt Schwitters*, München 1992.
5 Walter Benjamin: Der Autor als Produzent, in: ders.: *Gesammelte Schriften*, hrsg. v. Rolf Tiedemann u. Hermann Schweppenhäuser, II. 1, Frankfurt a. M. 1980, S. 692.
6 Zur Duchamp-Rezeption: Dieter Daniels: *Duchamp und die anderen. Der Modellfall einer künstlerischen Wirkungsgeschichte in der Moderne*, Köln 1992.
7 Der Terminus wird in der Volkskunde gebraucht und hat den älteren Begriff der Stoffheiligkeit abgelöst. Wolfgang Brückner: Dingbedeutung und Materialwertigkeit, in: *Anzeiger des Germanischen Nationalmuseums* (1995), S. 14–22.
8 Monika Wagner: Form und Material im Geschlechterkampf oder: Aktionismus auf dem Flickenteppich, in: Corina Caduff u. Sigrid Weigel: *Das Geschlecht der Künste*, Köln / Weimar/Wien 1996, S. 175–196.
9 Nach einiger Zeit mußte *Black Market* wegen der Akkumulationsbedürfnisse der Besucher geschlossen werden. Vgl.: *Robert Rauschenberg. Black Market*. Einführung von Jürgen Wissmann, Stuttgart 1970.
10 Rauschenberg in: *Robert Rauschenberg im Gespräch mit Barbara Rose*, Köln 1985, S. 85.

11 Rauschenberg zit. n. Wagner (wie Anm. 8), S. 61.
12 Werner Haftmann: *Malerei im 20. Jahrhundert*, München[4] 1985, Bd. 1, S. 501.
13 Silvia Eiblmayr: *Die Frau als Bild: Der weibliche Körper in der Kunst des 20. Jahrhunderts*, Berlin 1993.
14 Laszlo Glozer in: *Westkunst. Zeitgenössische Kunst seit 1939*, Ausst.-Kat. Museen der Stadt Köln 1981, S. 234.
15 Germano Celant: Arte Povera (1967), wieder abgedruckt in: Nike Bätzner (Hrsg.): *Arte povera. Manifeste, Statements, Kritiken*, Dresden / Basel 1995, S. 28 ff.
16 Mario Merz: Volio fare subito un libro, aus Anlaß der Ausstellung *Mario Merz* im Kunsthaus Zürich 1985, Aarau, Frankfurt a. M. 1985, S. 117.
17 Germano Celant: Mario Merz in: *Positionen heutiger Kunst*, Ausst.-Kat. Nationalgalerie Berlin, Staatl. Museen Preußischer Kulturbesitz, Berlin 1988, S. 46.
18 Vgl. Helmut Leppien: *Joseph Beuys in der Hamburger Kunsthalle* 1991, S. 28.
19 Dawn Ades: *Dalí*, überarbeitete Auflage, London 1995.
20 1952 waren in Deutschland neue Telefonapparate eingeführt worden, vgl. *Telefonbau und Normalzeit*, Frankfurt 1969, S. 30.
21 Monika Wagner: Gras, Steine, Erde. Naturspolien in der zeitgenössischen Kunst, in: *Museumskunde* 61 (1996), H.1, S. 26–36.
22 Zit. n. Ludwig Büchner: *Kraft und Stoff oder Grundzüge der natürlichen Weltordnung*, Leipzig[19] 1898, S. 22.
23 Beuys in einem Interview mit Helmut Rywelski (1970), zit. n. *Joseph Beuys*, Ausst.-Kat. Kunsthaus Zürich 1994, S. 76.
24 Vgl.: *Die Zweite Industrielle Revolution. Frankfurt und die Elektrizität 1800–1914*, Ausst.-Kat. Historisches Museum Frankfurt a. M. 1981, S. 11.
25 Theodora Vischer: Beuys und die Romantik, in: *Vorträge zu Joseph Beuys 1986*, Museumsverein Mönchengladbach 1986, S. 81–106.
26 Monika Wagner: *Allegorie und Geschichte. Ausstattungsprogramme öffentlicher Gebäude in Deutschland*, Tübingen 1989, S. 233 f.
27 Vgl. *Nikolaus Lang: Nunga und Goonya*, Ausst.-Kat. Lenbachhaus, München 1991.
28 Anne Hoormann: *Land Art. Kunstprojekte zwischen Landschaft und öffentlichem Raum*, Berlin 1996.
29 Robert Morris: Anti Form (1968), wieder-abgedruckt in: Ders.: *Continuous Project Altered Daily. The Writings by Robert Morris*, Cambridge (Mass.)/London 1993, S. 46.
30 Joseph Albers gehörte nach seiner Emigration in die USA zu den einflußreichen Lehrern am *Black Mountain College*. Er wurde zum Repräsentanten europäischer Kunst, an dem sich junge amerikanische Avantgarde-Künstler, wie etwa Rauschenberg, abarbeiteten.
31 Rosalind Krauss: The Mind/Body Problem. Robert Morris in Series, in: *Robert Morris*, Ausst.-Kat. Solomon R. Guggenheim Museum, New York 1994, S. 13.
32 Morris (wie Anm. 29), S. 46.
33 *Fluxus und Nouveaux Réalistes. Sammlung Cremer für die Hamburger Kunsthalle*, Ausst.-Kat. Hamburger Kunsthalle 1995.
34 Uwe M. Schneede spricht von »Kunst als Verdauung«, in: *Dieter Roth. Originale 1946–74*, Ausst.-Kat. Kunstverein in Hamburg 1974, S. 14.
35 Olaf Pascheit: Richard Serra. Arbeiter in Blei, in: *Im Blickfeld: Der Ausstieg aus dem Bild*, Jahrbuch der Hamburger Kunsthalle 2 (1997), S. 61–81.
36 Vgl. Douglas Crimp in: Ausst.-Kat.: *Richard Serra*, The Museum of Modern Art, New York 1986. Güse, Ernst-Gerhard (Hrsg.): *Richard Serra*, Stuttgart 1987.
37 Bei Exponaten im öffentlichen Raum ist eine zusätzliche Verschweißung obligat, die allerdings die Platten nicht zusammenhalten kann.
38 *Rost. Das Problem des oxydierenden Stahls in der Kunst*, Ausst.-Kat. Münster/Marl 1986.
39 Josef Riederer: Rostender Stahl – Materialverhalten und Restaurierungsprobleme, in: Münster/Marl 1986 (wie Anm. 38), S. 26–29.
40 Helmut Draxler: Das brennende Bild. Eine Kunstgeschichte des Feuers in der neueren Zeit, in: *Kunstforum International 87* (Jan./Febr. 1987), S. 70–228.
41 Vgl. Jaques Derrida: *Feuer und Asche*, Berlin 1988.
42 Rolf Peter Sieferle: *Der unterirdische Wald. Energiekrise und Industrielle Revolution*, München 1982.

43 Monika Wagner: Bild-Schrift-Material. Konzepte der Erinnerung bei Boltanski, Sigurdsson, Kiefer, in: Birgit Erdle u. Sigrid Weigel (Hrsg.): *Mimesis, Bild und Schrift*, Köln/Weimar/Wien 1996.

44 Monika Wagner: »Armes« Material als Hoffnungsträger, in: *Jannis Kounellis. Die eiserne Runde*, Ausst.-Kat. Hamburger Kunsthalle 1995, S. 24.

45 Wolfgang Kemp: Das Material der bildenden Kunst. Zu einem ungelösten Problem der Kunstwissenschaft, in: *Prisma*, Zeitschrift der Gesamthochschule Kassel (1975), H.9, S. 25–43. Wagner (wie Anm. 8 und 21)

46 Günter Metken: »Was wir brauchen sind Reliquien«, in: *Christian Boltanski. Inventar*, Ausst.-Kat. Hamburger Kunsthalle 1991, S. 23–34.

47 Monika Steinhauser: »Images stimuli« Boltanskis Kunst nach dem Holocaust, in: *Von der Aufgabe der Freiheit.* Festschrift für Hans Mommsen, Berlin 1995, S. 707 ff.

48 Die Spurensicherung ist eine Bezeichnung, die Günter Metken in den siebziger Jahren für Lang, Boltanski, Poirier u. a. verwendet hatte (vgl.: ders.: *Spurensicherung – Eine Revision. Texte 1977–1995*, Dresden/Berlin 1996). Carlo Ginzburg zählt das Spurenlesen zu den Techniken der Kriminologen wie der Kunsthistoriker (vgl. ders.: *Spurensichern. Über verborgene Geschichte, Kunst und soziales Gedächtnis*, München 1988).

Weiterführende Literatur zur Materialbedeutung

Paola Antonelli (Hrsg.): *Mutant Materials in Contemporary Design*, Ausst.-Kat. The Museum of Modern Art, New York 1995

Jaques Derrida: *Feuer und Asche*, Berlin 1988

Die Magie der Werkstoffe, Themenheft Daidalos 56 (Juni 1995)

Dimensionen des Plastischen. Bildhauertechniken. Ausst.-Kat. Neue Gesellschaft für Bildende Kunst, Berlin 1981

Helmut Draxler: Das brennende Bild. Eine Kunstgeschichte des Feuers in der neueren Zeit, in: *Kunstforum International* 87 (Jan. / Febr. 1987), S. 70–228

Wolfgang Drechsler und Peter Weibel (Hrsg.): *Bildlicht. Malerei zwischen Materialität und Immaterialität*. Ausst.-Kat. Museum des 20. Jahrhunderts, Wien 1991

Andrea El-Danasouri: *Kunststoff und Müll. Das Material bei Naum Gabo und Kurt Schwitters*, München 1992

Fluxus und Nouveaux Réalistes. Sammlung Cremer für die Hamburger Kunsthalle, Ausst.-Kat. Hamburger Kunsthalle 1995

Wolfgang Kemp: Das Material der bildenden Kunst. Zu einem ungelösten Problem der Kunstwissenschaft, in: *Prisma* Zeitschrift der Gesamthochschule Kassel (1975), H.9, S. 25–43

Olaf Pascheit: Richard Serra. Arbeiter in Blei, in: *Im Blickfeld: Der Ausstieg aus dem Bild*, Jahrbuch der Hamburger Kunsthalle 2 (1997), S. 61–81

Thomas Raff: *Die Sprache der Materialien. Anleitung zu einer Ikonologie der Werkstoffe*, München 1994

Rost. Das Problem des oxydierenden Stahls in der Kunst, Ausst.-Kat. Münster/Marl 1986

Ekkehard Schmider: Der Zugang zu Beuys über das Material, in: *Joseph Beuys. Der erweiterte Kunstbegriff. Texte und Bilder zum Beuys-Block im*

Hessischen Landesmuseum Darmstadt, hrsg. v. Matthias Bleyl, Darmstadt 1989, S. 35–48

Vom Bild zum Material. Vom Material zum Objekt, Bilderhefte der Hamburger Kunsthalle 1989

Monika Wagner: Gras, Steine, Erde. Naturspolien in der zeitgenössischen Kunst, in: *Museumskunde* 61 (1996), H. 1, S. 26–36

Monika Wagner: Form und Material im Geschlechterkampf oder: Aktionismus auf dem Flickenteppich, in: Corina Caduff u. Sigrid Weigel: *Das Geschlecht der Künste*, Köln/Weimar/Wien 1996, S. 175–196

Monika Wagner: Bild-Schrift-Material. Konzepte der Erinnerung bei Boltanski, Sigurdsson, Kiefer, in: Birgit Erdle u. Sigrid Weigel (Hrsg.): *Mimesis, Bild und Schrift*, Köln/Weimar/Wien 1996

Monika Wagner: »Armes« Material als Hoffnungsträger, in: *Jannis Kounellis. Die eiserne Runde*, Ausst.-Kat. Hamburger Kunsthalle 1995, S. 17–25

Impressum

Herausgegeben von Uwe M. Schneede aus Anlaß der Eröffnung der Galerie der Gegenwart im Februar 1997

Redaktion: Ortrud Westheider
Gestaltung: Peter Wehr
Satz und Lithographie: appelt mediaservice, Hamburg
Druck: Dr. Cantz'sche Druckerei, Ostfildern

Photos:
Elke Walford
Christian Andres, S. 29
Petra Bopp, S. 45
Monika Wagner, S. 27

ISBN 3-922909-24-8